LOTTE WOLF

Geschichte eines Entwurzelten

EINER VON VIELEN?

Ich, Dragan Markovic

novum pro

www.novumverlag.com

Bibliografische Information
der Deutschen Nationalbibliothek:

Die Deutsche Nationalbibliothek
verzeichnet diese Publikation in
der Deutschen Nationalbibliografie.
Detaillierte bibliografische Daten
sind im Internet über
http://www.d-nb.de abrufbar.

Alle Rechte der Verbreitung,
auch durch Film, Funk und Fernsehen,
fotomechanische Wiedergabe,
Tonträger, elektronische Datenträger
und auszugsweisen Nachdruck,
sind vorbehalten

Gedruckt in der Europäischen Union
auf umweltfreundlichem, chlor- und
säurefrei gebleichtem Papier.

© 2022 novum Verlag

ISBN 978-3-99131-597-1
Lektorat: Mag. Angelika Mählich
Umschlagfoto:
Nicola Ferrari | Dreamstime.com
Umschlaggestaltung, Layout & Satz:
novum Verlag
Innenabbildungen: tf

www.novumverlag.com

ERSTER TEIL
Der Bericht

1

Geboren wurde ich 1975 in Mostar in Bosnien-Herzegowina, also noch in der Zeit von Staatspräsident Tito. Als Tito starb, war ich fünf Jahre alt. Ich habe drei Geschwister: Mein älterer Bruder Zoran kam 1973 in Berlin zur Welt. Meine Eltern hatten sich dort kennengelernt, sie haben auch in Berlin geheiratet. Der jüngere, Vladan, ist 1981 wie ich in Mostar geboren. Und 1995, zwanzig Jahre nach mir, kam noch meine Schwester Ana zur Welt. Ihr Geburtsort ist Gacko im heutigen Bosnien-Herzegowina. Da war meine Mutter schon 45!

Meine Eltern waren von ihrer Herkunft ziemlich verschieden: die Mutter eine römisch-katholische Kroatin, sehr konservativ, eigentlich so, wie ich mir eine Frau aus der habsburgisch-ungarischen Monarchie vorstelle. Der Vater ein Serbe mit serbisch-orthodoxer Konfession. Ja, eine gemischte Ehe, aber im Jugoslawien von Tito spielte das von der Gesellschaft her keine Rolle. Heute würden sie dich deswegen schief ansehen. Aber wahrscheinlich waren meine Eltern doch sehr verschieden in ihren Meinungen, nicht nur wegen der Konfession. Sie hatten oft Krach, und ich glaube, zweimal hat er sie auch geschlagen. Ich habe es als Kind noch nicht stark empfunden, aber zwischen meinen Eltern bestand durch den Unterschied der Konfession und auch sonst von Anfang an ein Bruch, das merkte ich später. Er wurde mit den Jahren immer größer, aber sie blieben trotzdem zusammen, das war damals gesellschaftlich so üblich, es gab nur wenige Scheidungen.

Im Sommer besuchten wir gemeinsam erst die Familie meines Vaters und dann die Familie meiner Mutter. Beide haben uns immer freundlich aufgenommen und uns gut behandelt. Aber ich habe doch mit der Zeit gemerkt, dass mein Vater bei speziellen Gelegenheiten *seiner* Familie besonders großzügige Geldgeschenke machte. Wie wenn er sich für die Heirat mit einer römisch-katholischen Frau entschuldigen wollte. Das störte mich irgendwie, aber natürlich habe ich nie Fragen gestellt, ich hätte wahrscheinlich auch keine Antwort bekommen. Es war bei uns einfach nicht üblich, dass die Kinder den Eltern solche Fragen stellten.

In ihrer Jugend haben meine Eltern beide in Deutschland gearbeitet. Dort haben sie sich auch kennengelernt. Sie waren typische jugoslawische Gastarbeiter, das heißt, sie wollten nicht im Ausland bleiben, sie kamen nur zum Geldverdienen dorthin. Im Jahr 1978 bauten sie in Mostar ein einstöckiges Haus mit einem großen Garten. Das Haus war überall von Garten umgeben. Darin lebte ich bis im Sommer 1992 mit meinen Eltern und meinen zwei Brüdern.

Mein Vater war gelernter Schlosser und hat damals in der SOKO in Mostar gearbeitet. Dort wurden vor allem Kampfflugzeuge hergestellt, heute gibt es diese Firma nicht mehr. Ja, SOKO klingt wie Sonderkommission, aber es ist auch das serbokroatische Wort für „Falke", das passt ja zu Flugzeugen.

Außerdem hatte mein Vater noch eine private Schlosserwerkstatt, in der arbeitete er, wenn er nicht in der SOKO war, von etwa vier Uhr nachmittags bis abends.

Seit 1990 hatten wir dazu noch einen Gemischtwarenladen im Haus. Außer meinem Vater arbeiteten wir alle mit: meine Mutter vor allem in der Organisation, sie schaute, was noch da war, sie bestellte die Waren, meine Brüder waren ein bisschen überall dabei, und ich arbeitete als Buchhalter. Ich hatte mir das von einem Bekannten erklären lassen, ich fand es nicht besonders schwer. Es ging uns gut, wir hatten genug Geld, auch ein Auto. Ja, mit mehreren „Standbeinen" war das damals in Jugoslawien möglich.

Meine Großeltern väterlicherseits habe ich noch beide kennengelernt. Die Großmutter war für eine Frau sehr groß, einen Kopf größer als ihr Mann, aber dem war das egal. Ja, vielleicht hat sie mir die Größe vererbt. Von den Großeltern mütterlicherseits lebte zu meiner Zeit nur noch die Großmutter. Ich glaube, der Großvater hat zu viel getrunken, er war trunksüchtig. Vielleicht habe ich auch von ihm etwas geerbt, ich weiß es nicht. Spielsucht statt Trunksucht? Ich weiß es nicht.

2

Kindergarten? Es gab in Mostar keinen. Aber das war nicht wichtig, unsere Mutter war ja zu Hause. Ich spielte mit meinen Brüdern und Freunden im Garten oder auf der Straße Volleyball, Basketball, Hockey, eigentlich alle Sportarten außer Skifahren, wir hatten fast keinen Schnee, vielleicht zweimal im Jahr, aber ganz wenig. Wir gingen auch schwimmen. Ja, ich hatte eine glückliche Kindheit. Ob es auch Lausbubenstreiche gab? Ja, die gab es schon, einer ist mir besonders in Erinnerung geblieben: Wir hatten beobachtet, dass der Busfahrer bei der Haltestelle in Mostar immer mit einem kleinen Gegenstand, von Weitem sah er wie ein Knopf aus, den Bus abschloss und dann zum Mittagessen ging. Wenn er zurückkam, schloss er ihn mit dem gleichen Gegenstand wieder auf. Einmal hatte er ihn fallen lassen, es aber nicht bemerkt. Wir Buben stürzten uns darauf, und es gelang uns, die Tür zu öffnen. Wir stiegen in den Bus und manipulierten mit dem Gegenstand weiter. Beim sechsten Drücker setzte sich der Bus plötzlich fahrerlos in Bewegung. Wir konnten gerade noch hinausspringen, der Bus fuhr weiter, aber als ein Hindernis kam, blieb er zum Glück stehen.

Ob die Sache herauskam? Ja, natürlich kam sie heraus. Ob wir bestraft wurden? Ja, ich erinnere mich, dass mein Vater mich tadelte, aber geschlagen hat er mich nicht. Möglich, dass die anderen Buben eine Tracht Prügel bekamen, ich weiß es nicht mehr.

Aha, mein Vater hätte da ganz energisch durchgreifen müssen, nicht unbedingt mit Schlägen, aber so, dass es anderweitig richtig wehgetan hätte. Er hätte mir klarmachen müssen, dass wir mit unserem Streich das Leben anderer Leute gefährdet hätten. Dann hätte ich vielleicht ein Über-Ich entwickelt, das mich später von der Schuldenmacherei abgehalten hätte?

Ob wir noch andere Streiche von dieser Sorte gemacht haben? Ja, sicher, zum Teil waren sie vielleicht noch etwas gefährlicher. Und auch dafür wurden Sie nie so richtig abgestraft? Was, Sie wissen das nicht mehr!! Dann kann es ja nicht so schlimm gewesen sein! Nein, ich meine natürlich die Bestrafung.

Mit sechs kamen wir in die Volksschule. Sie dauerte damals acht Jahre, dann konnte man eine Prüfung entweder für das Gymnasium oder für die Berufsschule machen. Vielleicht habe ich mir das Gymnasium irgendwie nicht zugetraut. Ich wusste auch gar nicht, dass man mit einem Gymnasialabschluss alles studieren konnte. Jedenfalls habe ich die Berufsschule genommen und bin zuerst diplomierter Pflegefachmann geworden, drei Jahre habe ich in Mostar gelernt und ein Jahr, da hatten wir schon den Jugoslawienkrieg, in Podgorica in Montenegro. Aber diese Arbeit interessierte mich damals überhaupt nicht; als die Ausbildung fertig war, war ich ja erst achtzehn.

Ein paar Fächer konnte man mit einem Berufsschulabschluss studieren, wie in der Schweiz, wenn man die Berufsmatura gemacht hat. Ich habe dann noch in Belgrad acht Semester Agronomie studiert. Eigentlich war dieses Studium für nichts, denn wenn einer Agronomie studiert, müsste er zum Beispiel ein Weinbergbesitzer sein. Nun war ich 22 und immer noch nicht berufstätig.

Ich muss sagen, ich war immer gut in der Schule und auch in den Ausbildungsfächern. Aber ich habe mich für nichts richtig interessiert. Auch nicht für die Literatur, die ich in der ersten und in der zweiten Ausbildung gelesen habe: Das war Pflichtlektüre.

In Belgrad habe ich auch privat viel gelesen, ich kannte dort einen Sprachstudenten, von dem habe ich mir die Bücher ausgeliehen. Die Autoren? Zum Beispiel Tolstoi, Dostojewski, von dem habe ich alle Romane gelesen. Aber auch Albert Camus, Jack London und andere, natürlich alles in Übersetzungen. Ich weiß noch einiges aus diesen Büchern, aber so richtig tief interessiert es mich nicht. Ja, das ist wahrscheinlich der Grund, dass mir in der Schweiz hin und wieder einer sagt, du bist aber gebildet! Zum Beispiel auch, was Fremdwörter betrifft, da kenne ich mich einigermaßen gut aus. Einmal habe ich unter Schweizer Kollegen das Fremdwort „urgieren" (dringend verlangen) benutzt, und keiner hat es verstanden.

Nein, mit meinen Eltern habe ich nie über Berufswahl geredet, auch nie über Zukunftspläne und so. Warum? Das war bei uns nicht üblich, und dann haben die Eltern, wie schon gesagt, mit ihren eigenen Problemen genug zu tun gehabt. Niemand hat mir Ratschläge gegeben, aber ich wollte das auch gar nicht. Wieso? Ich weiß es nicht! Mit siebzehn hatte ich schon etwa meine jetzige Größe von 1 Meter 94, ich wirkte dadurch wie ein Erwachsener. Jedenfalls wäre es niemandem in den Sinn gekommen, dass ich Ratschläge oder sogar Hilfe brauche. Auch mit meinen Brüdern haben die Eltern nie über solche Sachen gesprochen. Das war einfach nicht üblich. Gut, dann hatten wir damals in Jugoslawien eben eine „seltsame" Erziehung, ja, genau genommen, gar keine, aber das habe ich damals nicht so empfunden. Die Eltern waren für uns Kinder einfach Respektspersonen, man stellte ihr Handeln nicht in Frage.

3

Und dann kam der Krieg, der „Bruderkrieg": Jugoslawen gegen Jugoslawen. In der Zeit nach Tito fiel nach und nach alles auseinander. Nicht in erster Linie die ethnischen, nein, die religiösen Unterschiede wurden nun wieder wichtig. Und das Ausland hat die Zwistigkeiten noch geschürt. Sehen Sie die heutige Situation an: In ganz Ex-Jugoslawien haben wir deutsche Banken. Natürlich, Russland „beschützt" Serbien, aber profitiert auch von diesem Land, im Kosovo sind amerikanische und sogar schweizerische Soldaten stationiert. Ja, sie dürfen nicht in Kriegshandlungen eingreifen, aber sie sind doch da.

Offiziell hat der Krieg von 1992 bis 1995 gedauert. Aber schon vor 1992 hat es an einigen Orten kleinere Kriegshandlungen gegeben. Verschiedene Bekannte haben uns immer wieder gewarnt: Geht aus eurem Haus fort, sonst besetzen es die Kroaten. Und so ähnlich kam es auch: Im Frühsommer 1992 haben wir freiwillig das Haus verlassen, nur mit dem nötigsten Gepäck, und sind nach Gacko gezogen. Gacko ist etwa 90 Kilometer von Mostar entfernt; es war damals nicht direkt vom Krieg betroffen, für uns war es jedenfalls ein ziemlich sicherer Ort. Dort fanden wir ein leeres Haus, darin haben wir gewohnt. Eigentlich war es eine Unterkunft, sonst nichts. Kein Vergleich mit dem Haus in Mostar. Ja, das gab es damals im Krieg oft: Leute haben ihre Häuser verlassen, wir ja auch, und haben anderswo leerstehende Häuser bewohnt, einfach so. Später haben sie diese Häuser entweder zurückgegeben oder, wenn sie dortbleiben wollten und konnten, mussten sie dafür bezahlen. Oder sie haben, wie wir, das eigene Haus wieder hergerichtet, das war ja nach dem Krieg meistens kaputt.

Das Verlassen unseres Hauses in Mostar war für mich eine ganz furchtbare Sache; ja, eine „Vertreibung aus dem Paradies", so könnte man es nennen. Jedenfalls hat es ein schweres Trauma hinterlassen, das habe ich Jahre danach erst richtig gemerkt, ja, und vielleicht ist das der tiefere Grund für meine jetzige Lage? Das Haus wurde dann im Juli 1992 von den Kroaten erst ausgeraubt und dann niedergebrannt, nur einige Wände blieben stehen.

Nach dem Krieg hatten wir wenigstens noch den Grund und Boden, das war nicht selbstverständlich, dafür gibt es Beispiele. Zwischen 2003 und 2007/08 bauten wir das Haus etappenweise wieder auf. Wovon? Wir drei Brüder haben das finanziert, meine beiden Brüder waren damals schon in Deutschland etabliert, erst als Fliesenleger, heute haben sie eigene Baufirmen. Und ich war damals schon in der Schweiz und habe auch Geld verdient.

Nein, mein Vater hat den Wiederaufbau des Hauses nicht mehr erlebt, er ist schon 2001 in Gacko an Krebs gestorben. Seit 2008 wohnen meine Mutter und meine Schwester allein darin. Ich selber habe das Haus seither nicht mehr betreten.

4

Und wie es mit mir weitergegangen ist?
Von 1997 bis 2002 pendelte ich zwischen Jugoslawien und Deutschland hin und her, immer wieder brauchte ich ein Visum. Auch noch, als der Krieg 1995 offiziell zu Ende war, es dauerte eine gewisse Zeit, bis alles wieder normal war, bis wir wieder einen Rechtsstaat hatten. In Deutschland wohnte ich meistens bei meinem älteren Bruder in Frankfurt am Main. Ich habe in diesen fünf Jahren alles unternommen, um als Hilfsarbeiter Geld zu verdienen, um eine Handwerkerlehre zu machen. Eigentlich wollte ich dasselbe wie meine Brüder machen und auch so erfolgreich wie sie sein. Aber alles ist misslungen, ich kam nicht über Schwarzarbeit hinaus. Und mit meinem in Jugoslawien gelernten Beruf als Pflegefachmann konnte oder wollte ich vorläufig nichts anfangen. Ich habe es auch gar nicht versucht. Wieso? Es hat mich damals einfach nicht genug interessiert. Außerdem waren die Verdienstmöglichkeiten sehr schlecht. An eine Familiengründung war nicht zu denken, man konnte mit dem Verdienst nicht einmal allein durchkommen.

Mein älterer Bruder Zoran war schon immer mein großes Vorbild, vielleicht war er das auch für Vladan. Vladan ist jedenfalls gleich nach ihm auch nach Deutschland gegangen und ist auch dortgeblieben. Ja, vielleicht habe ich in meinem älteren Bruder so etwas wie einen Ersatzvater gesehen, vielleicht hänge ich so an ihm, weil der Vater sich eigentlich nie um mich gekümmert hat, von sich aus, meine ich. Dem Vater war es vor allem wichtig, dass die Familie gut mit Geld versorgt war. Wie gesagt, eigentlich wollte ich dasselbe erreichen wie Zoran, aber das ist mir einfach nicht gelungen. Ja, das war damals mein einziges Ziel.

Ob ich mir schon einmal überlegt habe, dass dieses Ziel gar nicht erreichbar war, weil ich nicht zum Handwerker taugte? So, ich habe keine Handwerkerhände?

Und in der Liebe? Was soll ich sagen? Viele verkrachte Beziehungen. Die Frauen, die ich kennenlernte, wollten alle nur eines: gleich heiraten. Einmal hatte ich damals selbst Heiratsabsichten, das war in Belgrad, als ich Agronomie studierte. Aber dann habe ich gemerkt, dass ich auf Dauer mit der Frau gar nicht zusammenleben möchte. Wahrscheinlich wollte ich damals auch noch gar keine feste Bindung, ich war ja noch nicht einmal 25.

Schließlich lebte ich definitiv in Deutschland: Öfters dachte ich nun an eine Familiengründung, aber ich hatte ja noch nicht einmal eine feste Arbeitsstelle. Und plötzlich konnte man im Internet eine Partnerin suchen, das war für meine Generation etwas ganz Neues, etwas Sensationelles! Und so habe ich mich im Netz zum ersten Mal richtig verliebt, und so habe ich meine Ehefrau Marija kennengelernt. Ja, das ist schon so, dass man im Netz die beste Version von sich selbst gibt, dass man die negativen Seiten nach Möglichkeit verschweigt. Ja, aber welche waren das, daran hatte ich eigentlich noch nie gedacht? Ich weiß es nicht. Ja, das weiß ich, dass ich damals näher an dreißig als an zwanzig war.

Wir hatten damals beide geglaubt, wir haben die große Liebe gefunden. Sie war Serbin, aber erst als zwölfjähriges Kind zu ihren Eltern in die Schweiz gekommen. Ja, das waren auch Jugoslawen, die im Ausland gearbeitet haben, aber die sind dortgeblieben. Die Tochter haben sie zuerst in der Heimat bei den Großeltern gelassen. Und dann wollten sie sie zurück. In der Schweiz hat sie später das Gymnasium besucht, hat die Matura gemacht und dann ein Studium in Kunstgeschichte angefangen, dazu hat sie an der Uni noch zwei Sprachen gelernt, Russisch und Französisch. Nein, die Eltern waren komplett gegen Gymnasium und Studium, sie wollten, dass die Tochter möglichst bald heiratet. Und dann gaben ihr die Eltern kein Geld mehr für Unterkunft und Studium, deswegen musste sie es abbrechen. Ich muss noch sagen, dass die Eltern sehr gut verdienten, aber sie haben alles im Spielcasino riskiert und zum größten Teil verloren. Nein, heute tun sie das nicht mehr, sie sind pensioniert und haben viel weniger Geld als vorher. Aber früher hat Marija als Kind oft beim Spielcasino auf die Eltern warten müssen.

5

Wir haben etwa ein Vierteljahr gechattet und Ende Dezember 2003 haben wir uns in Frankfurt am Main zum ersten Mal real getroffen, das heißt, meine spätere Frau hat mich dort besucht, ich wohnte damals bei meinem älteren Bruder. Sie hatte sich absichtlich nicht geschminkt, wahrscheinlich, weil sie sich so, wie sie war, vorstellen wollte. Das hat sie dann furchtbar bereut, vielleicht, weil sie nicht mit meiner Übergröße gerechnet hatte, jedenfalls hat sie sich während der restlichen Tage, die sie noch geblieben ist, immer geschminkt. Um mit mir vom Aussehen her gleichzuziehen? Vielleicht, ich weiß es nicht.

Da fällt mir noch etwas ein: Während ich sie schon kannte, traf ich mich in Frankfurt ab und zu mit einer anderen jungen Frau, die ich in Gesellschaft kennengelernt hatte, sie war auch Serbin und kam aus einer wirtschaftlich gut situierten Familie. Es war mir klar: Wir waren damals kurz vor einer Beziehung. Als ich einmal mit ihr in einem Lokal war, klingelte das Telefon; es war meine spätere Frau. Nach dem Gespräch wusste ich, oder ich glaubte zu wissen, ich würde s i e wählen, denn mir war klar, dass ich mit der anderen nie in einen richtigen Gesprächskontakt kommen würde. Ja, das war mir besonders wichtig.

Es gab dann noch ein paar Treffen, zum Beispiel im Februar 2004 in Bern. Anfang Dezember 2004 haben wir in Thun standesamtlich geheiratet. Ich war nun knapp dreißig und hatte bisher noch nie regelmäßig Geld verdient. Nun war es mit der Schwarzarbeit aus, ich brauchte endlich einen festen Job. Wir haben uns definitiv in der Schweiz niedergelassen und haben vorläufig bei den Eltern meiner Frau gewohnt. Dabei haben sich ihre Eltern uns gegenüber sehr kleinlich verhalten, sie haben ihr zum Beispiel ab sofort die Krankenkasse nicht mehr bezahlt, und es gab noch ähnliche Schikanen. Wir lebten von Gelegenheitsarbeiten wie Service und Putzen. Aber ich bin doch stolz auf diese Zeit, das heißt, stolz, dass wir das gemeinsam so durchgehalten haben.

Es dauerte knapp zwei Jahre, bis mein Diplom als Pflegefachmann aus dem Jahr 1993 anerkannt wurde, dann habe ich endlich eine feste Stelle gefunden, und wir konnten uns in einer Wohnung einrichten. Nach der Heirat hat meine Frau eine Ausbildung als Operationstechnische Assistentin (TOA) gemacht und eine 40-Prozent-Stelle in einem Spital angenommen. Ja, die hat sie auch heute noch, aber sie arbeitet schon längst 70 Prozent.

Wir hatten nun beide eine feste Arbeit, alles ging gut. 2008 kam unsere Tochter Vesna zur Welt. Das Familienleben gefiel mir, bis jetzt hatte ich ja gar keine richtigen Pflichten gehabt. Das dauerte so bis 2012, dann ist meine Frau wieder schwanger geworden. Diesmal sollte es ein Junge sein. Ob das für mich etwas bedeutet hat? Das weiß ich nicht. Ich bekomme die Geschichte eines Landsmanns erzählt: Viele Leute haben ihm zur Geburt seiner Tochter gratuliert, und er hat immer geantwortet: „Ach, nur eine Tochter." Aber es könnte doch bei mir etwas Atavistisches sein? Ja, vielleicht atavistisch. Ja, vielleicht habe ich mich maßlos gefreut, dass es nun ein Bub war. Ich weiß es nicht. So, es wäre auch möglich, dass ich dadurch meine Selbstkontrolle verloren habe? Oder wollte ich es unbewusst meinem Vater gleichtun? Er hatte doch die Familie immer so gut mit Geld versorgt, und er hatte damals nur männliche Nachkommen. Richtig, daran habe ich noch gar nicht gedacht!

Wir waren drei Brüder und 1995 kam noch unsere Schwester zur Welt; aber das war dann nicht mehr so wichtig, wegen des großen Altersunterschiedes, meine ich. Nein, über den Altersunterschied zwischen uns drei Brüdern und unserer Schwester hat sicher keiner von uns nachgedacht. Wir sind ja gar nicht zusammen aufgewachsen.

Fest steht: Unmittelbar nach der Geburt meines Sohnes, genau damals habe ich angefangen, im Internet um Geld zu spielen. Ob ich durch das Glücksspiel eine „glänzende" Zukunft für den Sohn aufbauen wollte? Ja, vielleicht unbewusst. Wie soll ich die Sache nur erklären? Ich meine, ich begreife selbst nicht, dass ich gerade damals mit der Internet-Spielerei angefangen habe. Es war doch sonst alles in Ordnung.

6

Wirklich, ich verstehe es selber nicht: Ich hatte endlich eine normale Existenz, ich verdiente regelmäßig. Und ich verdiente genug, ich konnte damit eine Familie ernähren. Und genau dann beginne ich zu spielen! Wollte ich mir selbst beweisen, dass via Internet einfach alles klappt? Vielleicht wollte ich auch ganz einfach wer sein? Ich weiß es nicht.

Woher ich das Geld hatte? Von meinem älteren Bruder aus Deutschland, er hat es mir nach und nach gegeben, er hat es mir zur Aufbewahrung anvertraut, und ich habe es verzockt! Ja, es ist möglich, dass er damit in Deutschland Steuern sparen wollte, aber ich fühle mich trotzdem wie, wie … ein Landesverräter! Wie viel? Jetzt sind es 130 000 Euro! Ja, es ist so! Ich brauche Jahrzehnte, um die Summe in Raten zurückzuzahlen. Bis jetzt hat mich mein Bruder nicht gedrängt, aber ich fühle mich ihm und meiner ganzen Familie gegenüber schuldig.

Ob meine Frau von der Sache weiß? Ja, einige Zeit nach der Geburt Ivans hat sie es irgendwie gemerkt; seither herrscht Kälte. Wie sie es gemerkt hat? Wir hatten die Gewohnheit: Wer zuerst am Briefkasten war, öffnete sämtliche Schreiben, da muss einmal ein Brief dabei gewesen sein, der kam ihr verdächtig vor, sie hat ihn gelesen, und dann war ihr alles klar.

Ich glaube, dass meine Frau furchtbar enttäuscht von mir ist. Ja, wir haben manchmal über die Sache gesprochen, auch oft gestritten. Aber wir haben nie eine Lösung gefunden, wie sollten wir auch, bei *der* Höhe der Summe!

Ob sie mich noch liebt? Das weiß ich nicht. Ob ich sie noch liebe? Einmal habe ich sie wörtlich gefragt: „Sollte es mir gleichgültig sein, was du tust?" Sie hat nicht geantwortet. Was ich getan hätte, wenn sie mit Ja geantwortet hätte? – Ich wäre fortgegangen!

Einmal ist meine Frau mit den Kindern nach Jugoslawien in die Ferien gefahren, ich bin zu Hause geblieben. Ich hatte schon vorher gemerkt, dass sie einen Mail-Kontakt mit einem Landsmann angefangen hat, und später habe ich gemerkt, dass sie den Mann auch dort getroffen hat. Als sie wieder da war, habe ich einen großen Krach gemacht, ich fing auch an, meine Sachen zu packen. Sie hat sich aufgeregt und geweint, sie hat mich gebeten zu bleiben, da bin ich geblieben. Ja, vielleicht war es mir mit dem Krach auch nicht ganz ernst gewesen, ich wollte vielleicht nur sehen, wie sie reagiert.

Die Sache hat sich dann so eingespielt, wie sie eigentlich schon vorher war: Ich stehe, egal, ob ich Dienst habe oder nicht, ziemlich früh auf, mache Frühstück, begleite die Kinder in die Schule, bringe die Wohnung in Ordnung und gehe je nach Einteilung zur Arbeit. Aus Rücksicht auf die Familie habe ich meistens Spätdienst, das heißt von 15 bis 22 Uhr. Wie ich mich fühle? Schwer zu sagen. Meistens wie ein Flüchtling in der eigenen Wohnung!

7

Und dann hat meine Frau plötzlich im Januar 2020 die Scheidung verlangt, zum Schutz der Kinder, meinte sie. Seit November 2020 sind wir geschieden, aber wir leben immer noch in der bisherigen Wohnung. Seither läuft alles wie bisher weiter, ja, auch der Sex, aber es wird immer weniger.

Wie ich mich fühle? Die meiste Zeit bin ich verzweifelt. Und nun kommt noch etwas hinzu: Zwischendurch habe ich Anfälle von Spielsucht, bei vier Banken habe ich Kreditkarten und dadurch habe ich noch etwas über 30 000 Franken Schulden. Ja, zu denen, die ich meinem Bruder gegenüber habe, noch dazu! Und die Haushaltsfinanzen? Ich bekomme etwas über 6000 Franken pro Monat heraus, davon gehen, das hat der Anwalt meiner Frau festgelegt, 5000 Franken an sie. Ja, ich war sofort damit einverstanden, der Anwalt hat mir dafür gedankt, dass ich keine Schwierigkeiten mache.

Natürlich, sie verdient selbst noch mit ihrer 70-Prozent-Stelle. Sie zahlt aber auch alles: Die Wohnungsmiete, die kostet schon etwas über 1700 Franken, die Krankenkasse für alle vier, das Essen, Schulsachen für die Kinder, Kleider, Steuern, Geld für den ÖV und sogar noch eine monatliche Schuldenabzahlung von 600 Franken, das ist von früher, da hatten wir einen gemeinsamen Kredit aufgenommen, der läuft gegen Herbst des übernächsten Jahres, also 2022, aus; und dann zahlt sie noch rund 200 Franken pro Monat für die dritte Säule ein. Wenn ich etwas zum Anziehen brauche? Dann darf ich ihre Kreditkarte benutzen.

Manchmal bin ich todunglücklich, dann geht es wieder. Jedenfalls kann ich meine Arbeit als Pflegefachmann einwandfrei machen, dann bin ich wie in einer anderen Welt. Ob ich mich deswegen für schizophren halte? Nein, das eigentlich nicht, ich schäme mich nur furchtbar meinem Bruder gegenüber.

Eine Zeit lang habe ich überlegt, ob ich in Deutschland für meinen Bruder ein Haus kaufen soll, ich könnte die Schuld mit 400 Euro pro Monat zurückzahlen; aber das würde gut zwanzig Jahre dauern, nein, das ist keine gute Idee. Mein Bruder drängt mich immer noch nicht. Er ist selbst geschieden und lebt auch mit seiner Ex-Frau und den Kindern unter demselben Dach. Aber dort herrscht ein Chaos, es ist noch viel schlimmer als bei uns.

Ob die Kinder unter der ganzen Situation leiden? Ob sie überhaupt etwas gemerkt haben? Ivan ziemlich sicher nicht. Es kann sein, dass Vesna etwas mitbekommen hat, aber vielleicht hört sie in der Schule auch, dass es in anderen Familien noch ärgere Schwierigkeiten gibt, da sieht sie unsere Streitereien vielleicht als ganz normal an.

Wie es mit der Spielerei angefangen hat? Eigentlich ganz harmlos: Ich wollte eine Sportveranstaltung schauen. Dabei bekam ich am Anfang 100 Franken geschenkt, die habe ich beim Spielen verloren. Aber statt aufzuhören, machte ich weiter, ich gewann und verlor, bis das Spielen zu einer Gewohnheit wurde und schließlich doch zu einer Art Sucht?

Durch meinen Bruder bekam ich plötzlich so richtig viel Geld in die Hand, da war ich verloren. Oder war ich einfach nur übermütig, weil alles so gut gegangen war, vor allem die Geburt meines Sohnes, wegen der wir uns während der ganzen Schwangerschaft Sorgen gemacht hatten? Ich weiß es nicht. Und sogar wenn ich die Schulden meinem Bruder gegenüber los wäre, würde ich mich nicht besser fühlen.

8

So, das ist übertrieben? Das bedeutet ja, dass ich unglücklich sein *will*? So, alles, was ich bisher gemacht habe, hat mich nicht wirklich ausgefüllt? Und was ich gemacht habe, ist mir zu leichtgefallen? Niemand hat mich beraten, vor allem meine Eltern nicht, und die hätten die Pflicht gehabt, das zu tun?

Aber so groß die Schuld der Eltern, besonders des Vaters, auch ist, ich kann sie nicht ein Leben lang als Entschuldigung benutzen? Und auch nicht die Vertreibung aus dem elterlichen Haus, auch nicht das Kriegstrauma?

Nein, auch das alles nicht. Denn alle Menschen erfahren, jeder auf seine Art, egal, wo auf der Welt, Mängel und Verletzungen, das gehört unweigerlich zur menschlichen Kondition. Und diese Mängel und Verletzungen muss sich der Mensch eingestehen und sie seelisch verarbeiten. Nur so wird er überhaupt erwachsen, und nur so kann er bestenfalls zur Persönlichkeit heranreifen.

Und wie sieht die Lösung aus, wenn es überhaupt eine gibt?

Ein Vorschlag

Am Anfang steht die Selbst-Erkenntnis: Wie bin ich eigentlich charakterlich beschaffen, wie reagiere ich auf meine Umwelt, d. h. vor allem auf die Menschen, denen ich begegne?

Dann kommt die Erkenntnis dessen, was mit mir geschehen ist, bevor ich in diesen als ausweglos empfundenen Zustand kam.

Beides erfordert Charakterstärke, denn meistens ist Erkenntnis mit unangenehmen Sensationen, wie z. B. dem Eingeständnis von Fehlverhalten in bestimmten Lebenslagen, verbunden.

Dennoch sollte Erkenntnis angestrebt werden, denn nur sie eröffnet den Weg zur seelischen Heilung. Das kann nicht mit Wehleidigkeit („Seht her, wie ich leide!"), sondern muss vor allem mit Charakterstärke geschehen.
Für unseren Protagonisten heißt das: Er soll den Weg der Selbsterkenntnis gehen und erst einmal, was schwierig genug sein wird, die schweizerischen Bankschulden aus der Welt schaffen.

Dann sieht man weiter.

Ende des ersten Teils

ZWEITER TEIL

Versuch einer Auswertung

Wer den Protagonisten nur flüchtig kennt, erlebt einen freundlichen, hilfsbereiten Menschen mit viel Sinn fürs Praktische. Seine Muttersprache ist Serbokroatisch, doch spricht er ein recht gutes Schriftdeutsch[1], das er nach eigener Aussage während eines längeren Aufenthalts in Deutschland erworben hat. Außerdem verfügt er über eine weitgehend umfassende Fremdwörterkenntnis, was seine Gesprächsfähigkeit noch steigert. Er diskutiert gerne, sofern es sich um diskutierwürdige Themen handelt. Weiß er einmal etwas nicht, so fragt er ohne Ziererei. Sein gutes Aussehen, das er – bewusst oder unbewusst? – diskret unterspielt, rundet das Bild ab.

Es fällt somit schwer zu glauben, dass ein derartiger Sympathieträger gleichzeitig ein Neurotiker ist, der in kurzer Zeit 130 000 Franken, die ihm nicht gehörten, verspielt hat und sich nun außerstande erklärt zu sagen, warum, und sich – wie immer, wenn's bei Befragungen in irgendeiner Form brenzlig wird, in die Wendung „Ich weiß es nicht" flüchtet. Eines steht – für gebildete Laien wie für Fachleute – fest: Einem solchen Menschen fehlt ein funktionierendes Über-Ich, das als richtendes Gewissen im

---

1 Der Begriff „Schriftdeutsch" wird hier bewusst statt des irreführenden Begriffs „Hochdeutsch" verwendet, denn „hochdeutsch", nämlich „*mittel*hochdeutsch", sind ja auch alle deutschen Dialekte, die in der Schweiz sowie in Teilen Süddeutschlands gesprochen werden (im Walliser Dialekt sind sogar noch Bestandteile des Althochdeutschen nachweisbar). Der Gegenbegriff zu „Hochdeutsch" ist vielmehr „Niederdeutsch", das man heute nur noch in wenigen Gebieten des nördlichen Deutschlands als sog. „Plattdeutsch" hören kann. Der Begriff „Niederdeutsch" taucht erst im Gefolge der zweiten deutschen Lautverschiebung auf (z. B.: „t" wird zu „z"), die das Deutsche als einzige germanische Sprache erfuhr.

entscheidenden Augenblick, nämlich, als er trotz Verlusten weiterspielte, energisch „Halt" gerufen hätte.

Wie aber soll ein Mensch, dessen Vater sich in seine eigenen Probleme vergräbt, statt sich um das berufliche sowie um das moralische Wohl seiner Kinder zu kümmern, der nie ernsthafte Gespräche mit ihnen führt, sie im entscheidenden Fall nicht richtig bestraft und der seine väterliche Rolle bereits dadurch als erfüllt ansieht, dass er seine Familie ausreichend mit Geld versorgt, überhaupt ein Über-Ich entwickeln?

Und die Mutter? Hätte die nicht auch erzieherisch auf ihre Söhne einwirken können? Zunächst ist festzuhalten, dass die Stellung der Frau im damaligen Jugoslawien sich auf die Rolle als Gattin und Hausfrau beschränkte. Davon abgesehen: Wie hätte eine Mutter angesichts des hochaufgeschossenen, hübschen und gelehrigen Bengels, der ihr als Buchhalter zur Hand ging, auf die Idee verfallen sollen, dass da auch erzieherisch einiges zu leisten gewesen wäre?

Im vorliegenden Fall kommen noch zwei Dinge hinzu, „Gaben der Natur", die ein gewichtiger Vorteil für den Verlauf eines Menschenlebens sein können, sich aber im vorliegenden Fall geradezu verhängnisvoll ausgewirkt haben: überdurchschnittliche Intelligenz und ausgesprochen gutes Aussehen. Es ist bekannt, dass mit diesen beiden Eigenschaften versehene Jugendliche von sich aus oft zu einer gewissen Trägheit und Selbstzufriedenheit neigen, weil die Erfolge sich zunächst ja von selbst, d. h. ohne ehrgeizige eigene Bemühungen, einstellen. Aber eben: nur zunächst.

Intelligenz, die nicht dauernd an schwierigen Aufgaben trainiert wird, verkommt allmählich, und Schönheit ist ohnehin das vergänglichste aller Güter. Unser Protagonist gehört zu den Menschen, denen aus den besagten Gründen alles von vornherein zu leichtgefallen ist und die sich in der Folge um nichts richtig bemühen. Ihnen fehlt das, was von der Natur weniger begünstigte Mitmenschen als „Strebertum" verunglimpfen: der dauernde Ehrgeiz, sich zumindest in *einer* Disziplin über den Durchschnitt zu erheben. Auch neigen die Begünstigten dazu, dass ihnen selbst Dinge, für die sie sich zunächst mit einem gewissen Eifer eingesetzt haben, relativ rasch verleiden.

Auch dafür liefert unser Protagonist bei genauerem Hinsehen Beispiele. Er behauptet, gern Gartenarbeit zu erledigen, aber als er gegen Geld in einem fremden Garten jäten soll, macht er die Arbeit, die ihm wahrscheinlich schon aus früherer Erfahrung verleidet ist, nur halb. Und versteigt sich dabei noch zu der Behauptung, der mangelhaft bearbeitete Garten „sehe gut aus", will also mit ästhetischen Kriterien über die eigene Faulheit hinwegtäuschen.

Es wurde schon erwähnt, dass seine Deutschkenntnisse „recht gut" seien. Doch im schriftlichen Gebrauch zeigen sich zum Beispiel die für Schriftdeutsch Lernende typischen Zahl- und Fallfehler, die nur durch ernsthaften Unterricht und viel Training ausgemerzt werden könnten. Er hätte nun Gelegenheit, kostenlos einen qualifizierten Unterricht zu bekommen, doch auch das lehnt er überlegen lächelnd ab. Und wenn einmal Bedeutungsprobleme bei einzelnen Wörtern auftauchen: wozu dann lange im Bedeutungs-Duden nachlesen, wenn das Resultat viel schneller und bequemer über das iPhone zu haben ist? Gewiss, schneller und bequemer schon, aber sofern einer eine Sprache richtig lernen will, muss er auch heute noch in den sauren Apfel beißen und die Sache systematisch angehen.

Auch für die Chance, als Quereinsteiger bei einer seriösen politischen Partei zu landen, in der er seine Ideen vertreten und auch sein Redetalent nutzen könnte, hat er kein Interesse. Er fühle sich als Kosmopolit, nach dem Jugoslawienkrieg von 1992 bis 1995 mehr denn je, und werde sich nicht für partikularistische Ziele einsetzen, so lautet hier die als plausible Begründung getarnte Ausrede.

Und als er das Angebot bekommt, eine Zeit lang in einer Gratiswohnung getrennt von seiner Familie zu leben, um ungestört über seine Lage zu reflektieren und mit sich selbst endlich ins Reine zu kommen, lehnt er das nach etwa drei Wochen rigoros ab: mit der Begründung, dass er sich um seine Kinder kümmern müsse. Aber auch diese Begründung dürfte nur auf den ersten Blick einleuchtend sein; denn im Grunde verhüllt sie die bereits genannte Trägheit des Erfolgsgewohnten, seine Unlust, konkrete Schritte zu unternehmen. Freilich, die wären unerlässlich: Er müsste sich eine neue Arbeitsstelle suchen, und dann müsste sich – endlich – auch die Ex-Ehefrau bewegen, indem sie, zumindest für eine bestimmte Zeit, die Kinder einer Tagesmutter anvertrauen würde.

Eine Bemerkung am Rande: Statt zwei reale Möglichkeiten zu einem seriösen Gespräch zu nutzen, traut er sich nicht (Oder hat er ganz einfach keine Lust?), das Thema anzuschneiden, sondern ruft im Weggehen auf halber Strecke dem Gesprächspartner seine Weigerung samt Begründung zu. Ist das nun einfach schlechtes Benehmen oder hat er aus Furcht, die Brüchigkeit der Begründung werde nur zu schnell bemerkt, so gehandelt? Offenbar *will* er gar nicht einsehen, dass er zumindest eine Zeit lang nur noch seinen offiziellen Beruf ausüben sollte, um genügend freie Zeit zur Analyse seiner seelischen Probleme – insbesondere seiner Rolle als Vater – zu haben. Das bedeutet automatisch, dass die neue Bleibe sich in einiger Entfernung von der bisherigen befinden muss, denn nur so kann eine „Ich-komm-dann-mal-rasch-vorbei"-Situation vermieden werden, die für den angestrebten Erkenntnisprozess Gift wäre.

Mit der vorübergehenden räumlichen Trennung würde für den Mann das sinnlose und gefährliche Wechselbad der Gefühle enden (vgl. erster Teil: „Meistens bin ich todunglücklich, dann geht es wieder.").

Beide Ex-Ehepartner hätten Gelegenheit zur Reflexion und würden im günstigsten Fall vielleicht wieder zueinanderfinden.

Denn der gegenwärtige Zustand der Heimlichkeiten und halben Wahrheiten ist gerade für dieses wahrscheinlich wünschenswerte Ziel völlig kontraproduktiv. Aber für einen solchen – zunächst schmerzhaften, letztlich aber heilsamen – Schritt ist der Protagonist ganz einfach zu bequem, zu träge, und das, obwohl er selbst den gegenwärtigen Zustand als unerträglich empfindet.

Als Jugendlicher brilliert er bereits als Buchhalter im mütterlichen Gemischtwarenladen. Später vergeudet er, statt aufgrund seiner leichten Auffassungsgabe aufs Gymnasium zu gehen und später z. B. Medizin zu studieren, vier Jahre für die Erlernung eines Berufes, der ihn überhaupt nicht interessiert. Und wie wenn das nicht genug wäre, wird derselbe Fehler mit dem vierjährigen Agronomie-Studium in noch ärgerer Weise wiederholt. Schließlich will er seinem älteren Bruder nacheifern und ein Handwerk lernen, was groteskerweise, da er kein Handwerkertyp ist, erst recht misslingt.

Dieser „Weg des geringsten Widerstandes" wird auch im amourösen Bereich beschritten, wobei allerdings zu sagen ist, dass ihn hier kaum eigene Schuld trifft: Denn er ist sich seiner äußerlichen Vorzüge offenbar gar nicht voll bewusst, jedenfalls nicht bis zu dem Grad, dass er sie Frauen gegenüber ausnützen würde. Er erobert sie durch sein bloßes Aussehen, aber auch hier ist er sich nicht so recht im Klaren, was er eigentlich will.

Als es in Sachen Familiengründung fünf vor zwölf ist, sucht er sich via Internet eine Frau, wobei unbewusst die Idee mitgespielt haben mag: Bis jetzt ist doch alles gut gegangen, also wird auch das klappen. Und dann hat es ja auch geklappt, aber eben: nur scheinbar.

Zunächst findet sich der Protagonist auffallend gut in seine neue Rolle. Die Boshaftigkeiten der künftigen Schwiegereltern, die wahrscheinlich für ihre Tochter mit einer reichen Partie gerechnet hatten, trägt er mit Gelassenheit und ist stolz, diese Zeit der Demütigungen so gut gemeistert zu haben. Aber wie wenn der Kollege „Verleider" sich nur eine Zeit lang geduckt hätte, geht schon mit der zweiten Schwangerschaft der Ehefrau die ganze Disziplin in die Brüche.

Denn als er plötzlich über viel Geld verfügt, brennen sämtliche Sicherungen durch, und er verspielt einen sechsstelligen Betrag. Zudem kann er offensichtlich – auch dies ist vielleicht eine Folge des väterlichen Erziehungsdefizits – nicht mit Geld umgehen, denn als Verheirateter häuft er, obwohl beide Eheleute (auch für Schweizer Verhältnisse) gut verdienen, in wenigen Jahren zusätzliche (Spiel?)Schulden von 30 000 Franken bei Schweizer Banken an. Diese Schulden trägt er momentan in monatlichen Raten von 750 Franken ab. Zum Zeitpunkt dieser Niederschrift ist nicht klar, ob das Entschuldungsprogramm, das von einer Sozialarbeiterin organisiert wurde und nun unter deren Beobachtung steht, noch funktioniert. So oder so stellen sich zwei Fragen:

1. Inwieweit ist der Protagonist für sein Tun selbst verantwortlich zu machen?
2. Was für Zukunftsprognosen kann man ihm stellen?

Zu 1

Die Antwort kann nach dem, was über die häusliche Erziehung festgestellt worden ist, kurz ausfallen: Angesichts des gänzlichen väterlichen Versagens (s. o.) trifft den Sohn nur eine bedingte objektive Schuld. Das müsste ihm aber selbst klar werden, denn von diesem Augenblick an würde sich zumindest der seelische Schaden nach und nach reparieren lassen.

Zu 2

Hier fällt die Antwort weniger lapidar aus, und vor allem sind, da die Weiterentwicklung des Protagonisten nicht mit Sicherheit vorausgesagt werden kann, immerhin Irrtümer möglich.

Ausgehend von der gegenwärtigen Lage muss man vermuten, dass die Zukunft eher düster aussieht: Denn der Protagonist ist sich der Tatsache, dass das richtende Gewissen (s. o.) sich nicht rechtzeitig eingeschaltet hat, und dass die hauptsächliche Ursache hierfür in erzieherischen Versäumnissen zu suchen ist, noch gar nicht bewusst. Und zudem wäre es noch sehr fraglich, ob er diese Tatsache überhaupt akzeptieren würde. Denn vermutlich gehört er zur breiten Masse der Neurotiker, welche die Neurose mehr lieben als die Heilung: Ist einmal die Neurose weg, d. h., das, womit sich die Betroffenen noch interessant machen konnten, fühlen sie sich plötzlich wie ein Niemand, stehen sie sozusagen nackt da. Aber dennoch: Es würde sich lohnen, das seelische Übel zu heilen.

Hinzu kommt noch die Tatsache, dass der Protagonist in seinem gegenwärtigen Alltag faktisch zwei vollamtliche Berufe ausübt, nämlich als Pflegefachmann sowie als Hausmann. Er hätte somit – selbst bei gutem Willen – schlicht nicht die notwendige Zeit, um seine seelische Lage aufzuarbeiten. Mag er auch betonen, dass er die erstgenannte Arbeit „mit links" verrichte, da sie ihn unterfordere, so ist doch stark zu vermuten, dass die Doppelbelastung, die nichts zur Lösung des psychischen Problems beiträgt, zwangsläufig früher oder später zum seelisch-körperlichen Zusammenbruch führen wird. Zudem fehlt, wenn die seelische Aufarbeitung unterbleibt, die Motivation, den sehr harten Schuldendienst durchzuhalten. Hart vor allem, wenn man die Höhe der Summe bedenkt, die er gemäß anwaltlicher Anordnung monatlich der Ex-Ehefrau abgeben muss, nämlich 5000 Franken. Rechnet man die pro Monat fällige Schuldenrate dazu, so kommt seine persönliche Geldabgabepflicht einer Enteignung gleich. Wer seine Labilität kennt, fragt sich: Wie lange wird er das durchhalten?

Gegen diese Form der Enteignung – vor allem gegen die monatlich 5000 Franken Haushaltsabgabe für die Ex-Ehefrau, die immerhin noch einiges dazuverdient – rebelliert er aber bezeichnenderweise nicht. Denn er hat sich in erster Linie dem älteren Bruder gegenüber in erdrückende Schuldgefühle hineingesteigert und unter diesen leidet er nun mehr, als es objektiv nötig wäre.

Schon jetzt dürfte feststehen, dass er das dem älteren Bruder geschuldete Geld in voller Höhe nie wird zurückzahlen können. Er müsste also das Gespräch mit ihm aufnehmen, mit dem Ziel, den Gläubiger zumindest zu einem teilweisen Schuldenschnitt zu bewegen. Aber diese Möglichkeit lehnt er, zumindest momentan, vollständig ab. Da er im Allgemeinen ein realistischer Typ ist, müsste er eigentlich auch auf die Idee kommen, dass der von ihm so bewunderte Bruder ihm das viele Geld vielleicht nicht ohne einen bestimmten Hintergedanken, der hier nicht weiter ausgesponnen werden soll, „zur Aufbewahrung" gegeben hat. Das würde an den Fakten zwar nichts ändern, unter Umständen aber die Verranntheit, mit der er an seine alleinige Schuld glaubt, mäßigen.[2]

Und die Ex-Frau? Macht sie sich überhaupt eine Vorstellung vom Ausmaß dieser für den Ex-Mann katastrophalen Lage? Oder ist sie der Typ Mensch, der „ds Füfi und ds Weggli" haben möchte und allen Ernstes, obwohl sie selber ein 70-Prozent-Gehalt bezieht, seine „Enteignung" in Kauf nimmt, ihn aber trotzdem als Hausmann behalten will? Aber gleichzeitig muss man sich fragen: Weiß sie überhaupt von dem Entschuldungsdienst, ja weiß sie am Ende noch nicht einmal von den zusätzlichen Bankschulden?

Bedenkt man ihre Geschichte *vor* der Heirat, so stellen sich vor allem zwei Fragen: Hat sie das Luxusfach „Kunstgeschichte", in

---

2 Denn auch der von ihm vergötterte Bruder führt ein seltsames Leben: Auch er wohnt, obwohl geschieden, mit Frau und Kindern unter demselben Dach. „Aber dort herrscht ein Chaos", betont der Protagonist, „es ist viel schlimmer als bei uns, ab und zu gibt's hier ein paar Streitereien, das ist alles." Immerhin könnte man daraus folgern, dass auch dieser Bruder womöglich unter den erzieherischen Versäumnissen des Vaters zu leiden hat.

dem selbst Hochbegabte, wenn sie nicht in den Kreis der Galeristen und Museumsleiter hineingeboren sind, später nur selten ein richtiges Auskommen finden, aus einem schon früh vorhandenen Interesse und einem hervorstechenden künstlerischen Interpretationstalent, kurz *aus Berufung,* gewählt? Oder wollte sie es ihren offensichtlich einfachen Eltern mal so richtig „zeigen" und hat sie sich ohne wesentliche Voraussetzungen auf das Studium eingelassen?

Jedenfalls fällt es schwer zu glauben, dass sie es nur wegen der elterlichen Zahlungsverweigerung aufgegeben habe. Heutzutage gibt es auch für finanziell Schwache, aber Talentierte gewisse Auffangmöglichkeiten. Wahrscheinlicher ist, dass auch fehlende Eignung und vor allem die „tickende" biologische Uhr mitgespielt haben. Jedenfalls hat auch sie sich auf die unsicheren Bedingungen einer Internet-Bekanntschaft eingelassen und dabei scheinbar den idealen Ehemann gefunden. Vom psychischen Werdegang des Mannes sowie von den schweren Gefahren, die womöglich daraus hervorgehen würden, kann sie zum Zeitpunkt des Kennenlernens jedenfalls nichts gewusst haben. Wie hätten auch problematische Gespräche dieser Art zwischen zwei (nicht mehr ganz) jungen Leuten, die beide dringend auf der Partnersuche waren, stattfinden sollen?

Allerhand Mut, könnte man von ihrem Verhalten sagen, aber doch wohl eher der „Mut der Verzweiflung" einer Frau, die, ohne es sich einzugestehen, im Grunde fürchtet, sitzen zu bleiben. Und dazu hätte sie obendrein auch allen Grund gehabt: Immerhin hatte der Mann, ohne dass sie es wusste, noch ein weiteres Eisen im Feuer, und die Begründung, mit der er es aufgab, klingt wohl nur für ihn völlig überzeugend.

Eines steht fest: In der ersten Verliebtheit hätte sie vermutlich nichts von ihm abgebracht, auch nicht die Tatsache, dass ein annähernd dreißigjähriger Mann noch nie einer geregelten Arbeit nachgegangen ist – falls sie das überhaupt erfuhr.

Umso unreifer und vor allem unsolidarischer wirkt es auf Außenstehende, dass sie einige Jahre später, als ihr die Unzuverlässigkeit des Ehemannes in Gelddingen bewusst wurde, ihrerseits einen gefährlichen Alleingang antrat: Sie tat sich heimlich mit einem Anwalt zusammen, und gegen Ende des Jahres 2020 konfrontierte sie ihren Mann knallhart mit dem Scheidungswunsch. Die Begründung „zum Schutz der Kinder" entspringt wahrscheinlich mehr dem Hirn des Anwalts als dem der Ehefrau, hat aber einen starken Anschein von Berechtigung. Jedenfalls sagte der nun seinerseits geschockte Noch-Ehemann zu allem Ja, auch zu der vom Anwalt vorgeschlagenen Unterhaltssumme.

Unwillkürlich fragt man sich: Hätte nicht gerade diese Form der Unzuverlässigkeit, welche die Ehefrau im ersten Moment furchtbar geschockt haben muss, erst einmal Anlass für ein grundlegendes Gespräch der Eheleute sein müssen?

Aber solche Gespräche hatten sie offenbar auch vorher nie geführt. Und zwar deshalb nicht, weil beide glaubten, in der Internet-Bekanntschaft die Idealperson fürs Leben gefunden zu haben, und diese unsinnige Vorstellung zumindest vorläufig nicht aufgeben wollten. Der Protagonist rechtfertigt diese Methode mit dem Satz: „Aber das machen doch heutzutage alle!"

So bar jeder Lebenserfahrung können jedoch *beide* nicht gewesen sein. Insbesondere die später angeblich so bitter enttäuschte Ehefrau – „Du warst alles für mich!", soll sie ihm gesagt haben – kann nicht im Ernst geglaubt haben, dass ausgerechnet ihr Mann ohne Fehl und Tadel, also eine Art Gott sei. Sie selbst hatte sich, als der Uni-Traum ausgeträumt war, doch gut in die praktischen Erfordernisse des Berufs- und Ehelebens gefunden, was immerhin einen gewissen Realitätssinn verrät.

Das alles sagt uns der gesunde Menschenverstand. Aber wer weiß, was alles in einem Gemüt vorgeht, in dem sich die Vorstellung von der Unfehlbarkeit des Partners so tief eingegraben hat?

Zurück zur Tätigkeit des Protagonisten als Hausmann: Im Mittelpunkt steht die Betreuung der beiden Kinder, die von ihm offenbar sehr ernst genommen wird. Wer über seine Schuldenprobleme informiert ist, wird sich dennoch unwillkürlich fragen: Sollte er damit unbewusst seine eigene seelische „Unversorgtheit" durch den patriarchalischen Vater kompensieren wollen? Gewiss, man könnte auch in anderer Weise argumentieren: Jede Generation steht auf den Schultern der vorhergehenden und wird die Dinge des Lebens fast automatisch geschickter angehen als die Eltern. Oder vielleicht doch nicht alle: Die schon seit Langem bestehende höhere Liberalität in Sachen Scheidung macht die Leute ganz allgemein empfindlicher. Und sie führt infolgedessen zu mehr offenen Zerwürfnissen, als es die Epoche, in der Scheidung noch ein gesellschaftlicher Makel war, überhaupt zuließ. Heute gilt: Sollte es mit der Partnersuche gar nicht klappen, bleibt einem immer noch das Internet. Und wenn nach anfänglicher Euphorie auch das schiefgeht, lässt man sich – sogar auf Wunsch der Frau – eben scheiden. Einfach genug ist es.

Als der Klassenlehrer des nunmehr neunjährigen, dem Vernehmen nach begabten Sohnes, diesen als „verhaltensauffällig" bezeichnet und eine Klärung des Falles verlangt, nutzt der Protagonist einen freien Tag, um sämtliche Unterrichtsstunden mitzuverfolgen. Wogegen sich die Ex-Ehefrau mit dem Besuch von nur einer Lektion begnügt. Angeblich hat sich der Sohn auch nur in dieser einen Stunde „auffällig" verhalten, was den Schluss nahelegt, die ganze Sache sei, aus welchen Gründen immer, *herbeigeredet*, vielleicht nach dem Grundsatz, ein Kind, das nicht in irgendeiner Form Ärger macht, sei nicht normal.
So oder so hat sich aber der Vater ernsthaft bemüht, sich mit den angeblichen schulischen Verhaltensproblemen des Sohnes auseinanderzusetzen. Und doch drängt sich dem Wissenden – angesichts solchen Übereifers – auch hier der Verdacht auf, hier wolle jemand vom eigenen Tun ablenken. Und letztlich hat er mit diesem Übereifer ja auch nichts erreicht, außer Verwunderung oder gar Misstrauen seitens des Lehrpersonals, dem ein solches Verhalten vielleicht neu

war. Im Gegenteil, er hat kostbare Zeit vertan, die er zur Reflexion über die wahren Gründe seiner von ihm selbst als „Verbrechen" empfundenen familiären Schuldenmacherei hätte nutzen können.

Nebenbei bemerkt: Der genannte Übereifer erinnert unwillkürlich an die Stelle im „Bericht", in welcher der Protagonist mit Überzeugung sagt, er hätte die Familie verlassen, wenn die Ex-Frau seine Frage „Sollte es mir gleichgültig sein, was du tust?" bejaht hätte. Diese Bemerkung steht ja in einem flagranten Widerspruch zu seinem späteren Ausspruch, er habe die Pflicht, sich um die Kinder zu kümmern!

Fazit

Also sind die Aussichten des Protagonisten schlecht, an seinem Alter von etwa Mitte Vierzig gemessen sogar sehr schlecht. Und selbst wenn wenigstens der gänzliche Zusammenbruch – einschließlich Arbeitsunfähigkeit und eines Abrutschens in die soziale Abhängigkeit – vermieden werden kann: Was soll er bei so viel Lug und Trug dann noch mit seinem Leben anfangen? Weigert er sich weiterhin, sich eine Auszeit von der Familie zu nehmen, wird er die wahren Zusammenhänge (s. o.) nie erkennen und sich der Gesellschaft gegenüber eine Lebenslüge zurechtlegen, wer oder was nun mehr schuld an seiner Misere sei. Und wie will er in späteren Jahren den beiden Kindern, denen er jetzt in gänzlicher Verblendung seine (immerhin mögliche) seelische Gesundung opfert, gegenübertreten? Sie werden ihn entweder durchschauen und sich von ihm abwenden, oder, sollten sie ihm glauben, früher oder später ins gleiche Fahrwasser abgleiten. Beide Möglichkeiten wären gerade für ihn, der einen natürlichen väterlichen Stolz auf die Kinder empfindet, unerträglich.

Sofern das Paar ernsthaft gewillt ist, sich als Familie wieder zusammenzuraufen, so bieten sich zwei Möglichkeiten an: Entweder versuchen sie es aus eigener Kraft oder mit professioneller Hilfe.

Erste Möglichkeit

Zunächst müsste die Ex-Frau über jedes Detail beider Schuldenaffären informiert werden, damit sie bewusst aus ihrer Komfortzone heraustreten kann. Dann müsste der Unterhaltsbeitrag von 5000 Franken, der seinerzeit vom Anwalt der Ex-Ehefrau vorgeschlagen wurde, neu verhandelt werden, d.h. er sollte in einer Weise gesenkt werden, dass dem Ex-Mann noch genügend „Taschengeld" bleibt, um harmlose Ausgaben zu bestreiten oder auch der Partnerin, falls diese mit dem Geld nicht auskommt, auszuhelfen. Bis die Unterhaltsfrage geklärt ist, wird er wohl oder übel vorübergehend ebenfalls einen Anwalt nehmen müssen, was er bisher heftig abgelehnt hat. Nachdem die Schweizer Bankschulden (im Idealfall) getilgt sein werden, wird das Thema „Familienunterhalt" erneut zur Diskussion stehen.

Sodann müssten die Ex-Eheleute – ohne Anwalt – alles, aber auch alles auf den Tisch legen, was den beschriebenen *beiderseitigen* Alleingang begünstigt hat. Dabei stehen die Schuldenmacherei des Ehemannes sowie das oben erwähnte eigenmächtige Handeln der Ehefrau i. S. Scheidung *gleicherweise* zur Diskussion. Sogar das gerade in diesem Fall abstrus wirkende Recht, das sich die Partner vor der Katastrophe zugestanden – wer zuerst am Briefkasten war, durfte die Post des anderen öffnen –, müsste bei dieser grundlegend notwendigen Vergangenheitsbewältigung unter die Lupe genommen werden. Dass, wie bereits erwähnt, der ältere Bruder des Protagonisten kontaktiert und um einen Schuldenschnitt von z.B. 40 Prozent gebeten werden müsste, versteht sich von selbst.

Diese Lösung könnten die ehemaligen Eheleute, vorausgesetzt, sie haben den aufrichtigen Willen dazu, selbstständig leisten. Und sogar, wenn der Gläubiger nur zu einem geringeren Schuldenschnitt bereit sein sollte, müsste es den beiden *gemeinsam* möglich sein, die Schuld zu bezahlen. Dabei müssten sie freilich drei bis vier Jahre voller Entbehrungen in Kauf nehmen, doch die wären immer noch besser als ein gründlich verpfuschtes Leben <u>beider</u> Elternteile. Und eines ist vor allem zu bedenken: Beide würden sich, sofern sie in Aufrichtigkeit wieder zueinanderfänden, die Achtung ihrer Kinder bewahren.

Dass den Kindern bewusst wäre, *warum* sie die Entbehrungen mit erdulden müssen, ist zumutbar; jedenfalls zumutbarer, als dass sie den stets schwelenden Streit der Eltern zu ertragen hätten und dessen eigentlichen Grund doch nie genau wüssten.

Zweite Möglichkeit

Ist jedoch der Wille, einen zweiten Versuch zu wagen, nicht stark genug, so würde sich wahrscheinlich die Hinzuziehung psychiatrischer Fachpersonen früher oder später als unumgänglich erweisen. Denn ohne deren Hinweise könnten die Ex-Eheleute ihre inzwischen reichlich verworren gewordene Beziehung nicht entflechten und zu keiner neuen finden, die sie durch die zweite Lebenshälfte tragen würde. Und nicht zu vergessen: Dann würde die Sache richtig teuer und, was schlimmer ist: Der Erfolg wäre nicht garantiert.

Erinnern wir uns: Das Unglück hat klein angefangen, nämlich, als dem späteren Schuldenmacher 100 Franken geschenkt wurden. Und dann ist es, vor allem wegen des väterlichen Erziehungsversagens (s. o.) und nicht zuletzt auch, weil ein echtes Vertrauensverhältnis zwischen den Eheleuten von vornherein fehlte, wie ein rollender Schneeball immer größer geworden, bis es ein veritables Unglück war.

Die berichtende Person war bisher der Meinung, es handle sich hier um einen Einzelfall. Durch diesen angeregt, hat sie sich etwas umgesehen.

Und nun ist sie sich auf einmal nicht mehr so sicher.

Denn offensichtlich gibt es noch andere, die, aus welchen Gründen immer, in der Schuldenfalle stecken und gleich hoch oder sogar noch höher verschuldet sind als der Protagonist.

Oder es gibt welche, die sich dem Ehepartner/der Ehepartnerin gegenüber, aus ganz anderem und vielleicht sogar aus unbedeutenderem Anlass mit anfangs kleinen Halbwahrheiten schließlich in ein solches Lügengestrüpp hineinmanövriert haben, dass sich die Scheidung als einzige Lösung erwies.

Und wenn es sogar viele wären? Dann wäre der anfangs geglaubte Einzelfall erst recht keiner, sondern er wäre repräsentativ? Vielleicht sogar hochrepräsentativ?

Seien es nun einige, viele oder sehr viele – mein doppelter Aufruf geht an alle:

Helfen Sie dem Gestrauchelten, indem Sie dieses kleine Buch kaufen.

Und lesen Sie es.

Vielleicht enthält es für den einen oder anderen von Ihnen einige Stellen, bei denen Ihnen unwillkürlich Gedanken wie diese kommen:

Ja, damals hätte ich kompromisslos die Wahrheit sagen sollen!

Gut, dass ich damals so energisch gekämpft habe!

Ja, damals hätte ich auf die richtigen Leute hören sollen. Denn im Grunde wusste ich ja, welche die richtigen waren! Aber die waren immer so streng. Und mit den falschen zu reden, war so viel angenehmer!

Gut, dass ich damals meine Wehleidigkeit unterdrückt habe, gut, dass ich mir vornahm, die Realität zu akzeptieren und mir vor allem selbst nichts mehr vorzumachen.

Manchmal habe ich das Gefühl, ich stehe neben mir und sehe mir zu, wie ich das Falsche mache, und ich finde das noch gut. Das sei typisch selbstgefällig, sagte mir einer.

Gut, dass ich von einem gewissen Punkt an weniger geredet und mehr gemacht habe. Eigentlich habe ich damit meine Faulheit überwunden.

Ende des Versuchs

Die Autorin

Lotte Wolf wurde in den dreißiger Jahren in der Schweiz geboren.
Schon früh entdeckte sie ihr Interesse und Talent fürs Schreiben. Nach einem zweijährigen Redaktionsvolontariat in Österreich studierte sie in Heidelberg und Hamburg Germanistik und Romanistik. Danach arbeitete die Autorin als Berufsschullehrerin für Deutsch, Französisch und Italienisch und hielt in der Schweiz sowie im benachbarten Ausland germanistische Vorträge. Ihre bisherige literarische Bilanz: Zahlreiche Sachartikel, Reportagen sowie Buchbesprechungen in Tageszeitungen, nach dem Studium literaturwissenschaftliche Aufsätze in Zeitschriften, „Biografischer Abriss", Kurzbiografie über ihren Vater (2018 in einem Musikverlag veröffentlicht), dessen Revival als Schweizer Komponist sie seit mehreren Jahren organisiert. Aus persönlichem Ehrgeiz entstand noch eine Doktorarbeit über den frühen Feministen Theodor Gottlieb von Hippel.

novum VERLAG FÜR NEUAUTOREN

Der Verlag

„ *Wer aufhört besser zu werden, hat aufgehört gut zu sein!*

Basierend auf diesem Motto ist es dem novum Verlag ein Anliegen, neue Manuskripte aufzuspüren, zu veröffentlichen und deren Autoren langfristig zu fördern. Mittlerweile gilt der 1997 gegründete und mehrfach prämierte Verlag als Spezialist für Neuautoren in Deutschland, Österreich und der Schweiz.

Für jedes neue Manuskript wird innerhalb weniger Wochen eine kostenfreie, unverbindliche Lektorats-Prüfung erstellt.

Weitere Informationen zum Verlag und seinen Büchern finden Sie im Internet unter:

www.novumverlag.com